MAGNETIC FRIGO

365 MATINS SOURIRES

Hugo Image

Humour – Bonheur – Sagesse

Pour se lever de bonne humeur et entamer une nouvelle journée avec enthousiasme, rien de mieux que cette petite éphéméride à aimanter sur votre réfrigérateur.

Avec ces 366 matins sourires, nul doute que vous saurez chasser la déprime et le coup de mou qui nous guettent tous, un jour ou l'autre.

Les matins sont difficiles, vous êtes fatigué ? La journée qui s'annonce est compliquée ? Vous avez le moral en berne, des contrariétés ?

Ayez le bon réflexe, effeuillez cette éphéméride et faites entrer le soleil dans votre vie en découvrant, jour après jour, une pensée de sagesse, un conseil de bien-être ou une devinette amusante.

Souriez et passez une bonne année !

Ouvrage dirigé par Luce Valli
Textes de Audrey Messiaen
Illustrations : © Freepik

34-36, rue La Pérouse • 75116 Paris • www.hugopublishing.fr
ISBN : 9782755668957 • Dépôt légal : octobre 2023 • Imprimé en Chine

*Un seul moment
de joie chasse
cent moments de tristesse.*

Proverbe chinois

1er
JANVIER

☀ 8h44 ☀ 17h04

Jour de l'an

Ne nous préoccupons pas
du futur puisque tout est dans le présent.
C'est maintenant que tout se crée,
dans les émotions, les pensées,
les choix et les actes que l'on pose.

Jan Kounen

2

JANVIER

☀ 8h44 ☀ 17h05

St Basile

Dans une boulangerie
comment faut-il ranger
les pains au chocolat ?

Dans l'ordre décroissant.

3
JANVIER

☀ 8h44 ☀ 17h06

Ste Geneviève

Le bonheur le plus doux
est celui qu'on partage.

Jacques Delille

4

JANVIER

8h44 17h07

St Odilon

La tristesse n'est rien d'autre qu'un mur qui s'élève entre deux jardins.

Khalil Gibran

5

JANVIER

8h44 17h09

St Édouard

Un bon traitement contre l'insomnie est de beaucoup dormir.

W.C. Fields

6

JANVIER

☀ 8 h 44 ☀ 17 h 10

Ste Mélaine • Épiphanie

Quel est le mode de transport préféré des vampires ?

Les vaisseaux sanguins.

7

JANVIER

8h43 17h11

St Raymond

*Une rupture est toujours douloureuse,
au moins permet-elle de sauvegarder
l'essentiel : conserver l'estime de l'autre,
éviter le pourrissement dû à l'exaspération,
raviver le désir qu'on éprouve pour le monde.*

Roland Topor

8

JANVIER

8h43 17h12

St Lucien

Qui n'utilise jamais
ses dents pour se nourrir ?

Un peigne.

9
JANVIER

8h43 17h13

Ste Alix

Sieste réparatrice

Prenez l'habitude
de vous accorder une courte sieste
de 15-20 minutes maximum,
même au bureau si c'est possible.
Fermez les yeux, respirez calmement
et surtout ne pensez à rien.

10
JANVIER

8h42 17h15

St Guillaume

Le véritable voyage de découverte ne consiste pas à chercher de nouveaux paysages, mais à avoir de nouveaux yeux.

Marcel Proust

11

JANVIER

☀ 8h42 ☀ 17h16

St Paulin

Je connais mes limites,
c'est pourquoi je vais au-delà.

Serge Gainsbourg

12
JANVIER

8h41 17h17

Ste Tatiana

Celui qui accepte
son vide peut remplir sa vie.

Catherine Enjolet

13

JANVIER

☀ 8h41 ☀ 17h19

Ste Yvette

Tourne-toi vers le soleil
et l'ombre sera derrière toi.

Proverbe maori

14

JANVIER

8 h 40 17 h 20

Ste Nina

Prenez mes idées,
j'en aurai d'autres.

Coco Chanel

15

JANVIER

☀ 8h39 ☀ 17h21

St Rémi

Quel est le meilleur chiffon pour nettoyer les vitres ?

Un chiffon à carreaux.

16

JANVIER

8 h 39 — 17 h 23

St Marcel

Je ne perds jamais.
Soit je gagne, soit j'apprends.

Nelson Mandela

17

JANVIER

☀ 8h38 ☀ 17h24

Ste Roseline

Il est grand temps
de rallumer les étoiles.

Guillaume Apollinaire

18
JANVIER

8 h 37 17 h 26

Ste Prisca

Pourquoi une mer
porte le nom de « mer noire » ?

Parce que les bateaux y jettent l'ancre (l'encre).

19
JANVIER

☀ 8 h 36 ☀ 17 h 27

St Marius

Que font deux plantes
qui se rencontrent ?

Elles vont boire un pot.

20
JANVIER

8 h 35 17 h 29

St Sébastien

La joie est contagieuse
et découvre toujours
une solution là où la logique
a seulement trouvé une explication
à une erreur.

Paulo Coelho

21
JANVIER

8 h 34 17 h 30

Ste Agnès

N'essayez pas de devenir
un homme qui a du succès.
Essayez de devenir un homme
qui a de la valeur.

Albert Einstein

22
JANVIER

☀ 8 h 33 ☀ 17 h 32

St Vincent

Sur les flots,
sur les grands chemins,
nous poursuivons le bonheur.
Mais il est ici, le bonheur.

Horace

23
JANVIER

8h32 17h33

St Barnard

Le chemin le plus long
est celui où l'on marche seul.

Proverbe chinois

24
JANVIER

☀ 8h31 ☀ 17h35

St François de Sales

En vous ouvrant aux autres,
vous produirez une énergie positive,
source de bien-être.

25
JANVIER

☀ 8h30 ☀ 17h36

Conversion de St Paul

Si vous ne demandez pas,
la réponse sera toujours non.

Nora Roberts

26
JANVIER

8h29 17h38

Ste Paule, Ste Pauline

Quel est le comble
pour un dentiste ?

D'habiter dans un palais.

27
JANVIER

8 h 28 — 17 h 40

Ste Angèle

Quand tout semble être contre vous,
souvenez-vous que l'avion
décolle face au vent, et non avec lui.

Henry Ford

28
JANVIER

8h27 17h41

St Thomas d'Aquin

L'espoir est contagieux,
comme le rire.

Joan Baez

29
JANVIER

☀ 8h25 ☀ 17h43

St Gildas

100 % des choses
qu'on ne tente pas échouent.

Wayne Gretzky

30

JANVIER

☀ 8h24 ☀ 17h44

Ste Martine

Pensées positives au réveil

Restez 5 minutes de plus au lit le matin, étirez-vous et repensez aux bons moments de la veille. Puis, visualisez les côtés positifs de cette nouvelle journée. Toutes ces ondes positives vont vous habiter jusqu'au soir.

31
JANVIER

8h23 17h46

Ste Marcelle

La sagesse est l'art de vivre.

Cicéron

1er

FÉVRIER

☀ 8h21 ☀ 17h48

Ste Ella

Il n'y a pas d'enthousiasme
sans sagesse,
ni de sagesse sans générosité.

Paul Éluard

2
FÉVRIER

☀ 8 h 20 ☀ 17 h 49

Présentation du Seigneur

Qui est le super-héros
le plus explosif ?

Peter Pan.

3
FÉVRIER

8h19 17h51

St Blaise

Pratiquer
la respiration abdominale
permet de réduire l'intensité
des émotions négatives.

4
FÉVRIER

8 h 17 17 h 53

Ste Véronique

Le monde semble sombre
quand on a les yeux fermés.

Proverbe indien

5
FÉVRIER

☀ 8h16 ☀ 17h54

Ste Agathe

Prenez du temps pour vous

Depuis quand ne vous êtes-vous pas accordé un moment de détente solitaire ? Un ciné, un café au bistro du coin, un sauna… le choix est vaste. Appréciez ces moments et observez vos sensations. Cessez de penser à vos soucis, prenez congé de vos petits tracas quotidiens, soufflez !

6
FÉVRIER

8h14 17h56

St Gaston

Quel est le coquillage le moins lourd ?

La palourde.

7
FÉVRIER

8h13 17h58

Ste Eugénie

*Il y a une vraie magie
dans l'enthousiasme.
Il définit la différence
entre la médiocrité
et l'accomplissement.*

Norman Vincent Peale

8
FÉVRIER

8h11 17h59

Ste Jacqueline

Mon corps est un jardin,
ma volonté est son jardinier.

William Shakespeare

9

FÉVRIER

☀ 8h10 ☀ 18h01

Ste Apolline

Quand la vérité n'est pas libre,
la liberté n'est pas vraie.

Jacques Prévert

10
FÉVRIER

8h08 18h03

St Arnaud

Notre plus grande faiblesse
est d'abandonner.
La façon la plus sûre de réussir
est toujours d'essayer une fois de plus.

Thomas Edison

11
FÉVRIER

8h06 18h04

Notre-Dame de Lourdes

Acceptez les compliments
que l'on vous fait avec gratitude
et enthousiasme :
ça fait du bien !

12
FÉVRIER

8h05 18h06

St Félix

Qu'est-ce qui est jaune et qui attend ?

Un citron pas pressé.

13

FÉVRIER

8h03 18h08

Ste Béatrice

Si le trac vous paralyse,
pratiquez un exercice simple :
tendez vos muscles pendant 5 secondes
en bloquant votre respiration
et relâchez-vous en expirant.
Faites ceci cinq fois de suite.

14
FÉVRIER

8h01 18h09

St. Valentin

La vie me semble trop courte
pour la passer à entretenir
des ressentiments ou ressasser des griefs.

Charlotte Brontë

15

FÉVRIER

8h00 18h11

St Claude

L'action est l'antidote du désespoir.

Joan Baez

16

FÉVRIER

7h58 18h12

Ste Lucile

Quelle musique, le silence !

Jean Anouilh

17

FÉVRIER

☀ 7h56 ☀ 18h14

St Alexis

Ceux qui sont assez fous pour penser qu'ils peuvent changer le monde sont ceux qui le font.

Steve Jobs

18

FÉVRIER

7h54 18h16

Ste Bernadette

Le silence est d'or

Prenez le temps d'observer,
de vous poser, en écoutant les opinions
des uns et des autres. Ils seront flattés d'être
écoutés, de savoir qu'on s'intéresse à eux.
Et quand vous prendrez la parole,
vous vous sentirez plus fort,
plus calme et déterminé.

19
FÉVRIER

7h53 18h17

St Gabin

En prononçant son nom tu le détruis.
Qui est-il ?

Le silence.

20
FÉVRIER

7 h 51 18 h 19

Ste Aimée

La vraie paresse,
c'est de se lever à six heures du matin
pour avoir plus longtemps
à ne rien faire.

Tristan Bernard

21
FÉVRIER

7 h 49 18 h 21

St Pierre-Damien

Vivre ce n'est pas sérieux,
ce n'est pas grave.
C'est une aventure, c'est presque un jeu.
Il faut fuir la gravité des imbéciles.

Jacques Brel

22
FÉVRIER

☀ 7 h 47 ☀ 18 h 22

Ste Isabelle

Qu'est-ce qui peut être servi
mais jamais mangé ?

Une balle de tennis.

23
FÉVRIER

7h45 18h24

St Lazare

*Il faut être heureux et y mettre du sien.
Si l'on reste dans la position du spectateur
impartial, laissant seulement entrée
au bonheur et portes ouvertes,
c'est la tristesse qui entrera.*

Alain

24
FÉVRIER

☀ 7h43 ☀ 18h25

St Modeste

Le bonheur,
c'est de continuer à désirer
ce qu'on possède.

Saint Augustin

25
FÉVRIER

7h41 18h27

St Roméo

Mantras

Si vos pensées s'égarent
vers des horizons tristes ou tumultueux,
répétez-vous les phrases suivantes
comme des mantras :
« Chacun porte son bonheur en soi »
ou encore : « J'ai décidé d'être heureux »,
jusqu'à ce que vous en soyez imprégné.

26
FÉVRIER

7h39 18h29

St Nestor

Quelle est la meilleure chose
à mettre dans les tartes ?

Vos dents.

27
FÉVRIER

7 h 37 18 h 30

Ste Honorine

Je n'ai pas parlé
à ma belle-mère depuis 18 mois.
Je n'aime pas l'interrompre.

Ken Dodd

28
FÉVRIER

☀ 7 h 36 ☀ 18 h 32

St Romain

La simplicité
est la sophistication suprême.

Léonard de Vinci

29
FÉVRIER

7 h 35 18 h 33

St Auguste

Oui au café !

Selon une étude conduite par l'Institut national de la santé en Amérique, consommer quatre tasses de café par jour réduirait les risques de dépression de 10 %. Cet effet sur le moral est dû aux antioxydants présents dans le café, expliquent les auteurs de cette étude.

Ce qui embellit le désert,
c'est qu'il cache un puits quelque part.

Antoine de Saint-Exupéry

2

MARS

☀ 7 h 32 ☀ 18 h 35

St Charles le Bon

Je parle toutes les langues et j'ai tout le temps la tête à l'envers. Qui suis-je ?

Le stylo.

3

MARS

7 h 30 — 18 h 37

St Guénolé

Quand on ouvre la main,
on peut tout obtenir.

Taisen Deshimaru

4

MARS

☀ 7 h 28 ☀ 18 h 38

St Casimir

Quel arbre ne pourra jamais apprendre à nager ?

Le noyer.

5
MARS

7 h 26 18 h 40

Ste Olive

Le sourire du cœur

Il n'y a pas que votre bouche qui peut offrir un sourire radieux. Le sourire intérieur est un puissant moteur de sérénité. Imaginez vos lèvres en train de sourire puis descendez dans votre gorge, votre cœur, votre ventre… ce sourire va s'agrandir et irradier tout votre corps. Laissez s'étendre ce bien-être intérieur et vous serez paisible et beau à l'extérieur.

6

MARS

7 h 24 18 h 41

Ste Colette

Selon moi, samedi est avant vendredi
et demain est avant hier. Qui suis-je ?

Le dictionnaire.

7
MARS

7 h 22 18 h 43

Ste Félicité

La chute n'est pas un échec.
L'échec c'est de rester là où on est tombé.

Socrate

8
MARS

7h19 18h44

St Jean de Dieu

Qu'a dit Arthur en trouvant le Saint Graal ?

C'est de la camelote.

9

MARS

☀ 7h17 ☀ 18h46

Ste Françoise

La chance, c'est une question de veine.

Pierre Dac

10

MARS

7h15 18h48

St Vivien

Plaisir d'offrir… à soi-même !

La semaine a été dure ? Il est temps de vous faire du bien, de vous remonter le moral ! Faites-vous un cadeau, pas forcément un gros, juste un petit plaisir : un T-shirt, un rouge à lèvres, un bon roman… C'est une preuve d'amour de soi, cela favorise la production d'endorphine, l'hormone du bonheur.

11

MARS

☀ 7h13 ☀ 18h49

Ste Rosine

Quel oiseau peut travailler
sur les chantiers ?

La grue.

12
MARS

7h11 18h51

Ste Justine

Manifester son bonheur est un devoir ;
être ouvertement heureux donne aux autres
la preuve que le bonheur est possible.

Albert Jacquard

13

MARS

☀ 7 h 09 ☀ 18 h 52

St Rodrigue

Quels fruits peut-on trouver dans toutes les maisons ?

Des mûres et des coings !

(Des murs et des coins)

14

MARS

7 h 07 — 18 h 54

Ste Mathilde

Vivre, c'est changer
du temps en expérience.

Caleb Gattegno

15

MARS

☀ 7h05 ☀ 18h55

Ste Louise

En marche vers la joie

Pour se maintenir en forme, il faudrait au minimum marcher 30 minutes par jour. Mais saviez-vous que marcher aide aussi à se sentir gai ? En effet, la marche est une pratique apaisante qui contribue à la sécrétion d'hormones à l'origine du bien-être et de la bonne humeur ! Privilégiez alors une marche à l'air libre plutôt qu'une virée en bus, chaque fois que vous le pouvez !

16
MARS

7h03 18h57

Ste Bénédicte

Mon premier est avant do. Mon deuxième est après do. Mon tout se met sur le dos.

Qui suis-je ?

Le ciré (si-ré).

17

MARS

☀ 7h01 ☀ 18h58

St Patrick

Le désir de bien faire est un puissant moteur.
Celui de faire du bien est plus puissant encore.

Michael Aguilar

18

MARS

☀ 6 h 59 ☀ 19 h 00

St Cyrille

Des mots tout doux

Rien de tel que l'amour pour attaquer la journée du bon pied. Afin de rendre vos matins toujours plus romantiques, n'hésitez pas à glisser à l'oreille de votre bien-aimé ou à noter sur un Post-it des petits mots doux.

19

MARS

6h57 19h01

St Joseph

Pourquoi dit-on que les poissons sont très susceptibles ?

Parce qu'ils prennent souvent la mouche.

20

MARS

6h55 19h03

Printemps • St Herbert

Il ne faut pas toujours tourner la page.
Il faut parfois la déchirer.

Achille Chavée

21
MARS

6 h 52 19 h 04

Ste Clémence

Qu'est-ce qui est vert
avec un bonnet blanc ?

Un Schtroumpf qui a la jaunisse.

22
MARS

☀ 6 h 50 ☀ 19 h 06

Ste Léa

Tout le monde est un génie. Mais si vous jugez un poisson sur sa capacité à grimper à un arbre, il passera sa vie à croire qu'il est stupide.

Albert Einstein

23

MARS

☀ 6h48 ☀ 19h07

St Victorien

L'imprévu est une opportunité

Changer d'itinéraire pour découvrir une boutique sympa, accepter une invitation à l'opéra même si vous ne connaissez rien à la musique classique, ou tout simplement suivre votre instinct, vous laisser tenter. Pour innover, faire des rencontres, ressentir de nouvelles émotions, laissez-vous toujours la possibilité d'être surpris.

24

MARS

6h46 19h09

Ste Catherine de Suède

Quel est le comble
pour une pièce de monnaie ?

Perdre la face.

25
MARS

☀ 6h44 ☀ 19h10

St Humbert

Ne comptez pas les jours,
faites que chaque jour compte.

Mohamed Ali

26
MARS

☀ 6h42 ☀ 19h12

Ste Larissa

Quand nous sommes deux, nous sommes quatre. Quand nous sommes trois, nous sommes cinq. Quand nous sommes quatre, nous sommes six. Quand nous sommes cinq, combien sommes-nous ?

Quatre (il faut compter le nombre de lettres dans le mot).

27

MARS

6h40 19h13

St Habib

Prenez soin de vos mains

Offrez-leur tous les jours un massage avec une crème appropriée, une sensation de bien-être est vite ressentie. Pensez à appuyer longuement et doucement sur le pouce, qui correspond à votre colonne vertébrale. De plus, vous pouvez le faire n'importe où et à tout moment de la journée.

28
MARS

6h38 19h15

St Gontran

La vie, c'est comme une bicyclette,
il faut avancer pour ne pas perdre l'équilibre.

Albert Einstein

29

MARS

☀ 7 h 36 ☀ 20 h 16

Ste Gladys

Avec un S, je suis couvert de sable,
avec deux S, je suis couvert de sucre.
Qui suis-je ?

Désert / Dessert

30

MARS

☀ 7h33 ☀ 20h18

St Amédée

Ne pas sacrifier l'essentiel à l'urgence,
mais obéir à l'urgence de l'essentiel.

Edgar Morin

31
MARS

7h31 20h19

St Benjamin

Jetez votre balance !

Le poids seul ne veut rien dire et l'important c'est le reflet dans le miroir. Regardez-vous évoluer et demandez-vous si ce que vous voyez vous plaît. Vous sentez-vous bien dans votre peau ? Donc fini les balances, bonjour le miroir.

1er

AVRIL

☀ 7 h 29 ☀ 20 h 21

St Hugues

Appréciés en amour, les gros sont à éviter. Ils peuvent être fameux, et certains servent pour des jeux. Qui sont-ils ?

Les mots.

2

AVRIL

7 h 27 — 20 h 22

Ste Sandrine

Si tu veux être aimé, aime.

Sénèque

3

AVRIL

7 h 25 20 h 24

St Richard

Je grossis mais je ne prends jamais de poids. Qui suis-je ?

Une loupe.

4

AVRIL

☀ 7 h 23 ☀ 20 h 25

St Isidore

On rêve trop souvent les yeux fermés,
il faut plutôt rêver les yeux ouverts.

Mike Horn

5
AVRIL

7h21 20h27

Ste Irène

La playlist du bonheur

Certaines musiques nous apportent un regain d'énergie et de bonne humeur. Cela a un impact bénéfique sur l'organisme, dont la sécrétion de dopamine et la réduction de la pression artérielle. Chaque chanson peut renvoyer à un souvenir, et ainsi nous replonger dans un univers agréable. C'est pourquoi il est conseillé d'élaborer sa propre playlist.

6
AVRIL

☀ 7 h 19 ☀ 20 h 28

St Célestin

Que dit Dracula après avoir mordu une jolie créature ?

Merci beau cou !

7

AVRIL

☀ 7h17 ☀ 20h30

St Jean-Baptiste de La Salle

Le plus souvent, on cherche
le bonheur comme on cherche ses lunettes :
quand on les a sur le nez.

André Maurois

8
AVRIL

☀ 7 h 15 ☀ 20 h 31

Ste Julie

Programmez-vous un « feel good movie » : les films qui font se sentir bien, ces comédies sentimentales qu'on regarde le sourire aux lèvres, qui font du bien au moral, qui mettent de bonne humeur. Exemples : *Intouchables, Bienvenue chez les Ch'tis, Love Actually, Good Morning England, Le Fabuleux Destin d'Amélie Poulain, La La Land…*

Pourquoi les gorilles ont-ils de grosses narines ?

Parce qu'ils ont aussi de gros doigts.

10

AVRIL

7h11 20h34

Lundi de Pâques • St Fulbert

La folie est de toujours se comporter de la même manière et de s'attendre à un résultat différent.

Albert Einstein

11

AVRIL

7 h 09 20 h 36

St Stanislas

Que fait un crocodile lorsqu'il rencontre une femelle crocodile ?

Il l'accoste !

12
AVRIL

7 h 07 — 20 h 37

St Jules

Allez au marché

Oui c'est vrai, le supermarché c'est pratique : on trouve tout et on se débarrasse de la corvée hebdomadaire. Mais si vous alliez plutôt au marché pour vous régaler les yeux devant les étals, vous donner des idées de nouveaux plats en discutant avec les commerçants, acheter des fleurs, papoter avec les voisins et pourquoi pas déguster quelques huîtres chez le poissonnier. Bonne humeur garantie !

13
AVRIL

7 h 05 20 h 39

Ste Ida

Vis aujourd'hui, comme si c'était le dernier jour. Et fais des projets, comme si tu étais là pour l'éternité.

Agatha Christie

14

AVRIL

7 h 03 20 h 40

St Maxime

De quelle couleur est la voiture de John Travolta ?

Grise (Grease).

15
AVRIL

7 h 01 — 20 h 42

St Paterne

*Le rôle d'un ami, c'est de se trouver
à votre côté quand vous êtes dans l'erreur
puisque tout le monde sera à côté de
vous quand vous aurez raison.*

Mark Twain

16

AVRIL

6 h 59 20 h 43

St Benoît-Joseph

Comment sortir d'un casino avec une petite fortune ?

En y entrant avec une grosse fortune.

17

AVRIL

6 h 57 20 h 45

St Anicet

Considérez chaque jour comme un nouveau jour

Chaque matin, prenez un temps pour vous imprégner de votre état de calme au réveil. Cet état est le départ d'une nouvelle journée où tout est possible. Focalisez-vous sur ces premières pensées qui donneront le ton à votre journée.

18
AVRIL

6 h 55 20 h 46

St Parfait

Le bonheur ne m'ennuie jamais.

Henry de Montherlant

19

AVRIL

☀ 6h53 ☀ 20h48

Ste Emma

Que dit un zéro quand il rencontre un huit ?

T'as mis une ceinture ?

20

AVRIL

6 h 51 20 h 49

Ste Odette

La salutation au soleil

Lorsque l'on est stressé, notre corps entier est tendu. Pour se relaxer, la fameuse salutation au soleil que l'on retrouve en préambule des cours de yoga est un exercice très efficace. Elle permet d'oxygéner au maximum le corps, de l'ouvrir et de se détendre très rapidement grâce à des postures toniques. À adopter au quotidien, de préférence le matin à jeun.

Où a été signé le traité
de Versailles ?

En bas de la feuille.

22
AVRIL

☀ 6 h 47 ☀ 20 h 52

St Alexandre

J'ai la faiblesse de penser qu'en général,
la méchanceté n'est pas une preuve d'intelligence.

René Goscinny

23
AVRIL

☀ 6h45 ☀ 20h54

St Georges

Quelle est la date d'anniversaire de tous les chats ?

La mi-août (miaou).

24

AVRIL

☀ 6 h 43 ☀ 20 h 55

St Fidèle

Dites bonjour avec un large sourire

Saluez les revêches et les renfrognés avec un grand sourire. Un bonjour franc et clair. Vous serez satisfait de vous-même. Ne laissez pas les esprits chagrins vous atteindre dès le matin, abordez la journée plein d'optimisme. Qui sait un jour, on se déridera en face de vous. La bonne humeur aussi, c'est contagieux.

25

AVRIL

6 h 42 20 h 57

St Marc

Dans la vie, y'a pas de grands, y'a pas de petits. La bonne longueur pour les jambes, c'est quand les pieds touchent par terre.

Coluche

26

AVRIL

6 h 40 — 20 h 58

Ste Alida

Que fait un oiseau migrateur ?

Il se gratte d'un seul côté.

27

AVRIL

6 h 38 21 h 00

Ste Zita

Il vaut mieux se taire et passer pour un con plutôt que de parler et de ne laisser aucun doute sur le sujet.

Pierre Desproges

28

AVRIL

6h36 21h01

Ste Valérie

Une infusion pleine d'énergie

Une petite baisse de régime ? Dans un mug, versez un jus de citron (pour les vitamines), râpez un peu de gingembre (pour le petit coup de peps), ajoutez un peu de thym frais (pour ses vertus antiseptiques), une cuillerée de miel (pour l'énergie) et de l'eau. Chaude ou froide, cette infusion est divine et vous voilà boosté !

29

AVRIL

☀ 6 h 34 ☀ 21 h 02

Ste Catherine de Sienne

Si tu as deux oranges et six prunes dans une main, et trois bananes et deux poires dans l'autre, qu'as-tu ?

Des mains extrêmement grandes.

30
AVRIL

6 h 33 21 h 04

St Robert

Un brin possessif ?

La possessivité est souvent le reflet d'un conflit intérieur lié à la peur de l'abandon. Que ce soit dans votre relation parent-enfant ou dans votre couple, ce défaut nuit à l'épanouissement de chacun. En prendre conscience est déjà un premier pas. Ne cherchez pas dans l'autre la solution à vos problèmes.

1er

MAI

☀ 6h31 ☀ 21h05

Fête du Travail • St Jérémy

Qu'est-ce qu'un policier
et une Cocotte-Minute
ont en commun ?

Quand ils sifflent, c'est cuit.

2
MAI

☀ 6 h 29 ☀ 21 h 07

St Boris

Retraite dans un monastère

Vous recherchez la quiétude et la sérénité ? Pas besoin de gravir l'Everest, nombreux sont les monastères qui acceptent des résidents pour des séjours plus ou moins longs.

3

MAI

☀ 6h28 ☀ 21h08

St Philippe, St Jacques

Photo souvenir

N'hésitez pas à prendre en photo des moments de joie : votre petit dernier, les fleurs que vous avez plantées. Les jours où tout vous semble gris et triste, ressortez-les.

4
MAI

6 h 26 21 h 10

St Sylvain

Que crie une maman baleine à son bébé chahuteur ?

C'est assez (cétacé).

5

MAI

6h24 21h11

Ste Judith

Camomille contre le stress

La vie nous en demande toujours plus, pas étonnant que certains n'arrivent plus à faire face. Une huile essentielle vient à notre secours, la camomille noble qui est un calmant du système nerveux et aide donc à faire face au stress. Vous pouvez l'utiliser en massages ou par voie interne. Renseignez-vous auprès de votre pharmacien.

6
MAI

☀ 6 h 23 ☀ 21 h 13

Ste Prudence

On peut me manger
mais si on m'enlève
une lettre, on ne peut plus.
Qui suis-je ?

Le poisson.

7
MAI

6h21 21h14

Ste Gisèle

Que fait un boxeur fatigué ?

Il dort à poings fermés.

8

MAI

6 h 20 21 h 15

Victoire 1945 • St Désiré

Calme au milieu du tumulte

Il existe un moyen très simple de
se couper de la suractivité qui nous stresse.
Cela demande un peu de pratique, mais un moment
de calme est toujours le bienvenu. Fermez les yeux
et ne pensez à rien, ignorez les bruits qui vous
entourent et rouvrez les yeux tranquillement.

9

MAI

☀ 6 h 18 ☀ 21 h 17

St Pacôme

Mieux vaut une conscience tranquille qu'une destinée prospère. J'aime mieux un bon sommeil qu'un bon lit.

Victor Hugo

10

MAI

☀ 6h16 ☀ 21h18

Ste Solange

Quelle est la puissance d'un coton-tige ?

Deux ouates (watts).

11
MAI

6 h 15 — 21 h 20

Ste Estelle

Il y a une sorte de bonheur qui ne dépend ni d'autrui, ni du paysage. C'est celui que j'ai toujours cherché à me procurer.

Jean Giono

12

MAI

6h14 21h21

St Achille

Jamais le temps !

Pour vous dégager du temps
à consacrer à des activités que vous
appréciez, faites le vide des futilités.
Prenez cinq minutes et notez votre top 5
des activités indispensables. Le reste
aura sa place sur une prochaine liste…
En attendant, faites-vous plaisir !

13
MAI

6h12 21h22

Ste Rolande

Pourquoi faut-il
enlever ses lunettes
lors d'un alcootest ?

Parce que ça fait deux verres en moins.

14
MAI

6 h 11 · 21 h 24

St Matthias

L’effet nocebo

On connaît bien l’effet placebo,
mais son contraire existe.
Des études ont montré que lorsqu’on
disait aux patients qu’ils allaient
souffrir, la plupart souffraient
alors que le traitement était neutre.

15
MAI

6 h 09 21 h 25

Ste Denise

À vouloir gagner des éloges, on perd son souffle.

Proverbe vietnamien

16

MAI

6 h 08 21 h 26

St Honoré

Quelles sont les lettres
les plus anciennes de l'alphabet ?

A. G. (âgé).

17
MAI

6 h 07 21 h 28

St Pascal

Atelier « câlins »

En avez-vous déjà entendu parler ?
Il s'agit de la câlinothérapie, ou comment se reconnecter à son corps en serrant des personnes dans ses bras. Ce contact physique et désintéressé permet de recharger ses batteries en tendresse et en énergie positive.
Renseignez-vous !

18
MAI

6 h 06 21 h 29

Ascension • St Éric

Effluves de bonheur

Une étude européenne a révélé
que le bonheur avait une odeur.
Notre corps sécréterait des substances
chimiques qui se dégageraient
par les pores de notre peau
et pourraient être perçues
par notre entourage.

19
MAI

6 h 04 21 h 30

St Yves

Pourquoi les savants
ont-ils des trous de mémoire ?

Parce qu'ils se creusent la tête.

20
MAI

6 h 03 21 h 32

St Bernardin

Pleurez pour aller mieux…
C'est ce que disent
des chercheurs néerlandais.
On se sent plus heureux ensuite.

21
MAI

6 h 02 · 21 h 33

St Constantin

Petits moments de joie

Sachez repérer les petits moments de joie dans votre journée, et surtout les observer. Vous avez souri en écoutant un musicien dans le métro ou en voyant votre jeune enfant se montrer si maladroit pour attraper son doudou… Prenez conscience de ces quelques minutes où vous avez éprouvé du plaisir.

22
MAI

6 h 01 21 h 34

St Émile

Les défaites de la vie conduisent aux grandes victoires.

Max-Pol Fouchet

23

MAI

☀ 6h00 ☀ 21h35

St Didier

Que font deux brosses
à dents le 14 juillet ?

Un feu dentifrice.

24
MAI

5 h 59 21 h 37

St Donatien

La Suisse
est avant tout un pays d'agriculture.
Ils font du blé, du jonc, de l'oseille.

Jacques Martin

25
MAI

5 h 58 21 h 38

Ste Sophie

Son hier est derrière,
son demain est mystère
et son aujourd'hui est essentiel.
Qui est-ce ?

Le présent.

26

MAI

☀ 5 h 57 ☀ 21 h 39

St Bérenger

La course matinale

À peine levé, il faut penser à préparer les vêtements, dresser le petit déjeuner et le repas du midi, vérifier que tout le monde s'est bien lavé les dents, que vous n'avez pas oublié le doudou du dernier… Que de stress… Alors que cela prendrait quelques minutes la veille au soir et apaiserait l'ambiance du matin !

27

MAI

5 h 56 21 h 40

St Augustin

Aucun cheval de course
n'est capable de filer aussi vite
que l'argent qu'on a misé sur lui.

Coluche

28

MAI

5h55 21h41

Pentecôte • St Germain

Qu'est-ce qui fait
le tour du monde en restant
sagement dans son coin ?

Un timbre.

29
MAI

5 h 54 21 h 42

Lundi de Pentecôte
St Aymard

L'humour juif, c'est de faire rire
avec une histoire à double sens
et qu'on ne comprend qu'à moitié.

Popeck

30
MAI

5 h 53 21 h 43

St Ferdinand

Personne n'est parfait,
alors pour vivre sereinement,
acceptez-vous tel
que vous êtes.

31

MAI

5 h 53 21 h 44

Visitation

Demeurer immobile,
à écouter… c'est la tranquillité
de l'axe au centre de la roue.

Charles Morgan

1er
JUIN

5 h 52 · 21 h 45

St Justin

Il ne faut jamais juger
les gens sur leurs fréquentations :
Judas, par exemple,
avait des amis irréprochables.

Verlaine

2

JUIN

5 h 51 — 21 h 46

Ste Blandine

Combien de temps
vit une souris ?

Cela dépend des chats.

3
JUIN

5 h 51 21 h 47

St Kevin

Foncez sur les fruits rouges

Fraises, mûres, cerises, en plus d'être délicieux et gavés d'antioxydants et de vitamines, ces fruits ont aussi le potentiel de renforcer les vaisseaux et de mieux oxygéner le cerveau. Consommez-les en smoothies, en jus, ou simplement frais.

4

JUIN

☀ 5h50 ☀ 21h48

Fête des mères • Ste Clotilde

Quel sportif préfère
donner à recevoir ?

Le boxeur.

5
JUIN

☀ 5 h 49 ☀ 21 h 49

St Igor

La fête des pères,
c'est un peu comme
la fête des mères, sauf pour
le cadeau qui coûte moins cher.

Gerald F. Lieberman

6

JUIN

5 h 49 21 h 50

St Norbert

Qu'est-ce qu'une douche sans eau ?

Une duche (le mot « douche » sans le o).

7
JUIN
5 h 48 21 h 51
St Gilbert

Le soldat le plus connu,
c'est le Soldat inconnu.

Vincent Haudiquet

8

JUIN

5 h 48 21 h 51

St Médard

Qu'est-ce qu'une
limace pour un escargot ?

Une décapotable.

9

JUIN

5 h 48 21 h 52

Ste Diane

L'ennui dans ce monde,
c'est que les idiots sont sûrs d'eux
et les gens sensés pleins de doutes.

Bertrand Russell

10
JUIN

5 h 47 21 h 53

St Landry

Une jolie tenue

Si vous vous remettez à une activité physique (que vous n'avez pas pratiquée depuis très longtemps), commencez par vous choisir une jolie tenue de sport confortable, aux couleurs que vous aimez, et dans laquelle vous vous trouvez bien. Elle peut être votre premier pas vers la motivation durable.

11
JUIN

5h47 21h53

St Barnabé

On sait que les cheveux considérés au microscope sont creux ; ce qui explique l'expression « tuyau de poil » !

Alphonse Allais

12

JUIN

5 h 47 21 h 54

St Guy

Prenez votre temps pour manger

La digestion participe activement à l'équilibre psychique et pour bien digérer, il faut bien mâcher. On parle de dix mastications par bouchée, ce qui vous laisse le temps de savourer et d'apprécier les textures et parfums des aliments.

13
JUIN

☀ 5h47 ☀ 21h55

St Antoine de Padoue

Quel est le plat
préféré des pompiers ?

Le pot-au-feu.

14
JUIN

5 h 47 21 h 55

St Élisée

La patience est la clé de la délivrance.

Naguib Mahfouz

15

JUIN

5h46 21h56

Ste Germaine

Monsieur et Madame
Mieux ont deux fils.
Comment s'appellent-ils ?

Jeff et Edmond car « j'ai fait de mon mieux ».

16

JUIN

5 h 46 21 h 56

St Jean-François Régis

Laissez-vous tenter par les « mignonneries »

Un nourrisson qui sourit pour la première fois, un bébé qui parle à son chat, de jeunes jumeaux qui s'esclaffent pour la même chose, ces vidéos postées sur Internet nous mettent du baume au cœur par leur tendresse. Ne luttez pas, ça fait vraiment du bien.

17
JUIN

5h46 21h57

St Hervé

Pourquoi un pêcheur met-il un asticot au bout de sa canne à pêche ?

Pour lui apprendre à nager.

18
JUIN

5h46 21h57

Fête des pères • St Léonce

La saine fainéantise
est un art dont l'ordre
et la discipline sont
la palette et le pinceau.

Paul Carvel

19

JUIN

5 h 47 21 h 57

St Romuald

*La qualité d'un film
est inversement proportionnelle
à son nombre d'hélicoptères.*

Dave Barry

20

JUIN

5 h 47 21 h 57

St Silvère

Plus j'ai de gardiens,
moins je suis gardé.
Qui suis-je ?

Un secret.

21
JUIN

5 h 47 21 h 58

Été • St Gonzague

Il n'y a que
deux mammifères qui dorment
debout : les chevaux et
les parents d'un enfant
de moins d'1 an.

Anonyme

22
JUIN

☀ 5 h 47 ☀ 21 h 58

St Alban

Que se disent
deux chats amoureux ?

On est faits l'un pour l'autre (félin).

23
JUIN

5 h 47 21 h 58

Ste Audrey

Je t'aime

Les Français amoureux déclarent dire « je t'aime » à leur partenaire cinq fois par semaine. Et vous ?

24

JUIN

5 h 48 — 21 h 58

Fête nationale québécoise
St Jean-Baptiste

Briser le miroir !

D'après une étude américaine, et à l'inverse de ce que l'on pourrait croire, se regarder nu dans le miroir peut aider à combattre les complexes. D'après elle, une vue globale de notre corps permettrait de faire abstraction de nos petits défauts (réels ou imaginaires).

25
JUIN

5 h 48 21 h 58

St Prosper

À quoi s'expose-t-on
quand on reste au soleil ?

Au plus grand des astres (désastre).

26
JUIN

5 h 48 21 h 58

St Anthelme

Fais à autrui ce que
tu aimerais qu'on te fasse.

Frédéric Lenoir

27
JUIN

5 h 49 21 h 58

St Fernand

*Même lorsque vous
ne vous sentez pas très bien,
il vaut mieux exprimer ce que
vous ressentez sans rien ajouter.*

Shunryu Suzuki

28
JUIN

☀ 5h49 ☀ 21h58

St Irénée

Quand je suis blanc,
je suis sale. Quand je suis noir,
je suis propre. Qui suis-je ?

Le tableau.

29
JUIN

5 h 50 21 h 58

St Pierre, St Paul

Avoir la banane !

Le secret d'une bonne santé, c'est aussi le microbiote intestinal. Manger une banane par jour permet de faire le plein de fructo-oligosaccharides, des fibres qui amènent les bonnes bactéries non pathogènes à l'intestin.

30
JUIN

5 h 50 21 h 58

St Martial

Nous ne saurons jamais tout le bien qu'un simple sourire peut être capable de faire.

Mère Teresa

1er
JUILLET

☀ 5 h 51 ☀ 21 h 58

Fête nationale canadienne
St Thierry

Prenez le temps de parler

Avec la gardienne de votre immeuble, le garçon de café ou le contrôleur du train. La baisse du lien social est le mal des grandes villes et nous sommes nombreux à nous sentir seuls parfois. Dites-vous que ces quelques banalités égayeront sans doute leur journée, tout comme la vôtre.

2

JUILLET

5h52 21h57

St Martinien

Prenez le temps de parler
avec la gardienne de votre immeuble,
le patron de cette petite [illegible] du coin.
La baisse du lien social est le mal des grandes
villes et nous sommes nombreux à nous sentir
seuls parfois. Dites-vous que ces quelques
amabilités égayeront sans doute leur journée,
tout comme la vôtre.

2

Quelle est la dernière volonté d'un garagiste ?

Avoir une vie d'ange.

3

JUILLET

☀ 5 h 52 ☀ 21 h 57

St Thomas

C'est la nuit qu'il est beau
de croire à la lumière.

Edmond Rostand

4

JUILLET

5 h 53 21 h 57

St Florent

Le bruit de l'eau

Vous avez déjà vu dans des magasins de déco ces petites fontaines d'eau et vous vous êtes peut-être demandé « quel intérêt ? » Eh bien, des chercheurs suisses se sont penchés sur les bienfaits déstressants du bruit de l'eau qui coule et contre toute attente, ce bruit génère un bien-être supérieur au silence, par exemple.

5

JUILLET

☀ 5 h 54 ☀ 21 h 56

St Antoine

Suivez vos rêves,
ils connaissent le chemin.

Kobi Yamada

6

JUILLET

☀ 5 h 54 ☀ 21 h 56

Ste Mariette

Je vole sans ailes.
Je pleure sans yeux.
Qui suis-je ?

Un nuage.

7
JUILLET

5 h 55 21 h 55

St Raoul

Pensez aux jus de fruits frais

De nombreux jus ont des vertus antistress. Qu'elles soient à base de carottes riches en vitamines ou de fraises, qui augmentent les endorphines, vous trouverez un large choix de recettes sur Internet. Pour plus de commodité, vous pouvez investir dans un extracteur de jus.

8

JUILLET

5h56 21h55

St Thibault

*Je vous souhaite des rêves
à n'en plus finir et l'envie furieuse
d'en réaliser quelques-uns.*

Jacques Brel

9
JUILLET

5 h 57 21 h 54

Ste Amandine

Il y a deux moyens d'oublier
les tracas de la vie :
la musique et les chats.

Albert Schweitzer

10

JUILLET

☀ 5 h 58 ☀ 21 h 54

St Ulrich

Qu'est-ce qu'un hippopotame
qui fait du camping ?

Un hippocampe.

11
JUILLET

☀ 5 h 59 ☀ 21 h 53

St Benoît, Ste Olga

Les rides sont des sourires gravés.

Jules Renard

12

JUILLET

☀ 6 h 00 ☀ 21 h 52

St Olivier

Le numéro que vous demandez...

Il est important, même pour les accros au téléphone portable, de se libérer l'esprit de temps en temps et d'accepter de faire une pause technologique. Éteignez votre téléphone, votre ordinateur et écoutez le silence ou les oiseaux qui chantent. Juste un petit quart d'heure pour décompresser !

13

JUILLET

6h01 21h51

St Henri, St Joël

Je suis dans la lune, au fond du jardin.
Je commence la nuit et finis le matin.
Qui suis-je ?

La lettre N.

14
JUILLET

☀ 6 h 02 ☀ 21 h 51

Fête nationale française
St Camille

Si nous ne reconnaissons pas plus souvent le bonheur, c'est qu'il vient à nous avec un visage autre que celui que nous attendions.

André Gide

15

JUILLET

6 h 03 21 h 50

St Donald

Le droit à la flânerie

Les enfants nous donnent une bonne leçon de pleine conscience. Lorsqu'ils jouent, ils sont complètement absorbés par ce qu'ils font et respirent le bien-être et la plénitude. Alors comment retrouver cet état d'esprit au milieu de nos activités et soucis quotidiens ? Autorisez-vous à flâner, sans but et pensée précis. Attention, vous allez rajeunir...

16
JUILLET

☀ 6h04 ☀ 21h49

Notre-Dame du Mont Carmel

Ôtez-moi une lettre, ôtez-m'en deux,
ôtez-les-moi toutes, je reste toujours le même !
Qui suis-je ?

Le facteur.

17
JUILLET

6 h 05 21 h 48

Ste Charlotte

Le bonheur de demain n'existe pas.
Le bonheur, c'est tout de suite ou jamais.
Ce n'est pas réfléchir, dorer, organiser, capitonner
la vie, mais savoir la goûter à tout instant.

René Barjavel

18
JUILLET

6 h 06 21 h 47

St Frédéric

Qu’est-ce qui est vert
et blanc au fond de la mer ?

Un chou-marin.

19

JUILLET

6 h 07 21 h 46

St Arsène

Ne jugez pas chaque journée
par votre récolte, mais par les graines
que vous avez plantées.

Robert Louis Stevenson

20

JUILLET

☀ 6 h 08 ☀ 21 h 45

Ste Marina

Sept minutes.
C'est le temps de câlins dont
nous avons besoin chaque jour pour être heureux.
Plus que de simples échanges, les caresses
et baisers sont aussi vitaux pour les mortels que
nous sommes, que le soleil pour nos os ou
l'eau pour notre peau.

21
JUILLET

☀ 6h09 ☀ 21h44

Fête nationale belge
St Daniel, St Victor

Quel champignon est
à la fois beau et laid ?

Le bolet.

22
JUILLET

☀ 6 h 11 ☀ 21 h 43

Ste Marie-Madeleine

Le bonheur vient de l'attention aux petites choses, et le malheur, de la négligence des petites choses.

Liu Hiang

23

JUILLET

☀ 6 h 12 ☀ 21 h 42

Ste Brigitte

Les idées, c'est comme les gosses.
Il ne suffit pas de les avoir, il faut les élever.

Daniel Picouly

24
JUILLET

☀ 6 h 13 ☀ 21 h 40

Ste Christine

Écrire un seul mot avec
toutes les lettres suivantes :
NOTULUSEM

Un seul mot.

25
JUILLET

☀ 6 h 14 ☀ 21 h 39

St Jacques

Soyez un super-héros !

Poser deux minutes les mains sur les hanches augmente la testostérone de 20 %, tandis que cela fait baisser le cortisol, l'hormone du stress, de 25 %. Vous avez un rendez-vous galant, un entretien d'embauche, un repas de famille ou encore une présentation orale qui vous stresse ? Bombez le torse, les mains sur les hanches, et plus rien ne vous fera peur.

26
JUILLET

☀ 6 h 15 ☀ 21 h 38

Ste Anne, St Joachim

Rêve ta vie en couleurs,
c'est le secret du bonheur.

Walt Disney

27
JUILLET

6 h 17 21 h 37

Ste Nathalie

Un éléphant rose va dans la mer Rouge.
Quand il sort, comment est-il ?

Mouillé.

28
JUILLET

6h18 21h35

St Samson

Ne remettez pas votre bonheur à plus tard

« Quand j'aurai fini mes études », « quand j'aurai rencontré quelqu'un » ou encore « quand je serai à la retraite » etc. C'est bien d'avoir des projets d'avenir mais le bonheur commence à la minute présente. Ne le réservez pas au futur.

29

JUILLET

6h19 21h34

Ste Marthe

Vous voyez l'ombre,
et moi je contemple les astres.
Chacun a sa façon de regarder la nuit.

Victor Hugo

30
JUILLET

6 h 21 21 h 33

Ste Juliette

Nous sommes deux. Nous sommes très petites. Mais à nous deux, nous pouvons plonger le monde dans le noir. Qui sommes-nous ?

Les paupières.

31
JUILLET

6 h 22 21 h 31

St Ignace de Loyola

Tout ce qu'on raconte sur Hollywood est vrai, même les mensonges.

Orson Welles

1er

AOÛT

6 h 23 21 h 30

Fête nationale suisse
St Alphonse

Gourmandise :
source inépuisable de bonheur.

Pierre Hermé

2
AOÛT

6 h 25 21 h 28

St Julien

Quelle est la différence
entre un avion et un chewing-gum ?

Le chewing-gum colle,
alors que l'avion décolle.

3
AOÛT

6 h 26 21 h 27

Ste Lydie

Si on cesse de se prendre
la tête et se laisse porter
par son influx positif, façon zen,
des solutions apparaissent.

Helen Fielding

4
AOÛT

6 h 27 21 h 25

St Jean-Marie Vianney

*Celui qui est le maître de lui-même
est plus grand que celui
qui est le maître du monde.*

Bouddha

5

AOÛT

☀ 6 h 29 ☀ 21 h 24

St Abel

La sagesse,
ce n'est pas d'être pessimiste ou optimiste,
mais d'observer, de savoir quelles sont
nos valeurs et de ne rien concéder.

Salman Rushdie

6
AOÛT

6 h 30 21 h 22

St Octavien

Si l'on m'apprenait
que la fin du monde est pour demain,
je planterais quand même un pommier.

Martin Luther King

7

AOÛT

6h31 21h21

St Gaétan

Qu'est-ce que le trombone
dit à l'aimant ?

Tu m'attires.

8
AOÛT

6 h 33 21 h 19

St Dominique

*Rien n'est sérieux
en ce bas monde que le rire.*

Gustave Flaubert

9

AOÛT

6 h 34 21 h 17

St Amour

Essayez la lithothérapie

Les pierres ont de nombreuses vertus : elles favorisent l'apaisement et diminuent le stress, les angoisses…
Par exemple, l'héliolite ou « pierre de soleil » favorise l'optimisme et chasse la tristesse, la sodalite apporte la sérénité, le jade atténue la nervosité.

10
AOÛT
☀ 6 h 36 ☀ 21 h 16
St Laurent

Ne désespérez jamais.
Faites infuser davantage.

Henri Michaux

11

AOÛT

☀ 6h37 ☀ 21h14

Ste Claire

La vraie sagesse de la vie consiste à voir l'extraordinaire dans l'ordinaire.

Pearl Buck

12

AOÛT

☀ 6 h 38 ☀ 21 h 12

Ste Clarisse

*Le divertissement
est le meilleur régime
contre le poids de l'existence.*

Franck Dhumes

13
AOÛT

6 h 40 21 h 10

St Hippolyte

La tristesse vient
de la solitude du cœur.

Charles de Montesquieu

14
AOÛT

6h41 21h09

St Évrard

*S'il était possible de quitter
un navire lors d'un naufrage,
personne n'aurait jamais
traversé l'océan.*

Charles F. Kettering

15
AOÛT

☀ 6 h 43 ☀ 21 h 07

Assomption • Ste Marie

Depuis que j'ai appris
à rire de moi-même,
je ne m'ennuie plus jamais.

George Bernard Shaw

16
AOÛT

6h44 21h05

St Armel

Je suis le seul aliment
qu'on met au frigo mais
qui reste toujours chaud !
Qui suis-je ?

Le piment.

17

AOÛT

6 h 45 21 h 03

Ste Jeanne

Il faudrait essayer d'être heureux,
ne serait-ce que pour donner l'exemple.

Jacques Prévert

18
AOÛT

6h47 21h01

Ste Hélène

Avoir le sens des priorités permet
de ne pas perdre de vue l'essentiel
et d'atteindre ses objectifs
tout en restant zen.

19
AOÛT

6 h 48 20 h 59

St Jean Eudes

Le secret du succès
est de faire de ta vocation tes vacances.

Mark Twain

20
AOÛT

6 h 50 — 20 h 58

St Bernard

Si tu vois tout en gris,
déplace l'éléphant.

Proverbe indien

21

AOÛT

☀ 6 h 51 ☁ 20 h 56

St Christophe

Toute beauté est une joie éternelle.

John Keats

22

AOÛT

6 h 52 20 h 54

St Fabrice

Bien commencer sa journée

Une orange pressée pour la vitamine,
un thé ou un café comme vous les aimez,
voilà une journée qui démarre bien.

23
AOÛT

6 h 54 20 h 52

Ste Rose

*La vie ce n'est pas d'attendre
que les orages passent,
c'est d'apprendre
comment danser sous la pluie.*

Sénèque

24

AOÛT

☀ 6h55 ☀ 20h50

St Barthélemy

Les chats apaisent l'âme.
Un chat n'a aucun souci,
parce qu'il pense de manière intuitive.

Pal Gerhard Olsen

25
AOÛT

6 h 57 20 h 48

St Louis

Une joie partagée
est une double joie,
un chagrin partagé
est un demi-chagrin.

Jacques Deval

26
AOÛT

6 h 58 20 h 46

Ste Natacha

Quel animal n'a jamais soif ?

Le zébu.

27

AOÛT

7 h 00 20 h 44

Ste Monique

Il ne faut pas chercher
à rajouter des années à sa vie,
mais plutôt essayer de rajouter
de la vie à ses années.

Oscar Wilde

28
AOÛT

7 h 01 20 h 42

St Augustin

La rupture est faite,
l'amour s'est envolé : bon voyage !

George Sand

29
AOÛT

☀ 7h02 ☀ 20h40

Ste Sabine

Rien n'est plus fatigant que la paresse.

Antoine de Rivarol

30

AOÛT

7 h 04 20 h 38

St Fiacre

Quelle est l'étoile
la plus proche de la Terre ?

L'étoile de mer.

31
AOÛT

7 h 05 — 20 h 36

St Aristide

Comment appelle-t-on
une chauve-souris
qui porte une perruque ?

Une souris.

1er
SEPTEMBRE

7 h 07 20 h 34

St Gilles

Appréciez chaque minute

Vivre chaque jour comme le dernier… Cette phrase célèbre devrait se répéter comme un mantra. Privilégiez les activités que vous appréciez, apprenez, profitez des gens que vous aimez. Recentrez-vous pour laisser libre cours à vos envies. L'essentiel est en vous et n'appartient qu'à vous.

2
SEPTEMBRE

7h08 20h32

Ste Ingrid

Le meilleur moment
pour vous relaxer,
c'est justement quand vous pensez
ne pas avoir le temps de le faire.

3
SEPTEMBRE

7 h 09 20 h 30

St Grégoire

Que dit une truie
à son porcelet quand
elle le chatouille ?

Fais rillettes à maman.

4
SEPTEMBRE

7 h 11 20 h 28

Ste Rosalie

Vitamines au petit déjeuner

Nous sommes nombreux à boire du jus de fruits le matin. Mais rien de mieux qu'un fruit (ou jus) frais. En effet, les jus industriels sont moins riches en vitamines et surtout en fibres. Les agrumes contiennent des vitamines B9 qui activent la production de sérotonine, substance qui influence nos émotions de façon positive.

5

SEPTEMBRE

7h12 20h26

Ste Raïssa

J'ai déjà essayé de payer
mes impôts avec le sourire.
Ils préfèrent un chèque.

Jean Yanne

6

SEPTEMBRE

7 h 14 20 h 23

St Bertrand

Où trouve-t-on des chats rigolos ?

Dans les livres qui sont remplis de chats pitres.

7

SEPTEMBRE

7h15 – 20h21

Ste Reine

Je ne sais pas cuisiner.
Ma minuterie,
c'est le détecteur de fumée.

Joan Rivers

8
SEPTEMBRE

7h17 20h19

St Adrien

Ah ! la bien-pensance !

La bien-pensance nous empêche de sourire à un enterrement, même à celui d'un vieil oncle acariâtre ; ou nous oblige à dire « oh ! super, j'en rêvais » quand on nous offre un vase si laid qu'il partira au premier vide-grenier. Halte ! Cessons de faire bonne figure, bloquer nos émotions est préjudiciable à notre bien-être.

9

SEPTEMBRE

7h18 20h17

St Alain

Pourquoi c'est triste,
un livre de maths ?

Parce que c'est plein de problèmes.

10

SEPTEMBRE

☀ 7h19 ☀ 20h15

Ste Inès

Soyons reconnaissants aux personnes
qui nous donnent du bonheur ;
elles sont les charmants jardiniers
par qui nos âmes sont fleuries.

Marcel Proust

11

SEPTEMBRE

7 h 21 20 h 13

St Adelphe

À défaut de pouvoir éliminer complètement le stress de votre vie, apprenez à le gérer.

12
SEPTEMBRE

7 h 22 20 h 11

St Apollinaire

Qui est la plus savante ?
Une rousse, une blonde
ou une brune ?

La rousse, c'est un vrai dictionnaire (Larousse).

13
SEPTEMBRE

7 h 24 20 h 09

St Aimé

Je crois que, quand ils seront grands, mes trois fils seront serveurs. Ils ne viennent jamais quand on les appelle.

Anonyme

14

SEPTEMBRE

☀ 7 h 25 ☀ 20 h 07

Croix glorieuse

Pour rester zen au boulot,
on n'accepte pas toutes
les missions des autres :
il faut parfois savoir dire non !

15
SEPTEMBRE

☀ 7h26 ☀ 20h04

St Roland

Mieux se stimuler...

Inhalez profondément de l'huile essentielle de menthe poivrée, dont vous aurez mis quelques gouttes sur un mouchoir en coton. Elle aura pour effet de vous redonner du peps, physiquement mais aussi intellectuellement.

16

SEPTEMBRE

7 h 28 20 h 02

Ste Édith

*Celui qui cache sa générosité
est doublement généreux.*

José Narosky

17

SEPTEMBRE

7 h 29 20 h 00

St Renaud

Comment appelle-t-on un squelette qui parle ?

Des os parleurs (haut-parleurs).

18

SEPTEMBRE

7 h 31 19 h 58

Ste Océane

Quand un cachalot vient de droite, il est prioritaire ; quand il vient de gauche, il l'est aussi.

Olivier de Kersauson

19

SEPTEMBRE

7 h 32 19 h 56

Ste Émilie

Optez pour la pensée positive !

Notre cerveau est le logis de 60 000 pensées par jour et celles que nous fabriquons sont en majorité négatives. Dès que l'une d'elles vient vous obséder, faites quelque chose qui demande un maximum d'attention dans l'instant : préparer un repas, réparer une montre, paramétrer un smartphone... C'est une excellente façon de chasser une pensée négative : vivre l'instant présent.

20

SEPTEMBRE

7h34 19h54

St Jean-Charles

Monsieur et Madame
Copter ont un fils.
Comment s'appelle-t-il ?

Élie (hélicoptère).

21
SEPTEMBRE

7h35 19h52

St Matthieu

Je suis attaché
à l'argent mais l'argent
n'est pas très attaché à moi.

Francis Blanche

22

SEPTEMBRE

7 h 36 19 h 49

St Maurice

Les Français ont du vin,
les Anglais de l'humour.

Roland Topor

23
SEPTEMBRE

☀ 7 h 38 ☀ 19 h 47

Automne • St Constant

Le Do-in au lever

Au réveil, stimulez votre système immunitaire en réveillant votre circulation lymphatique avec un exercice de cette méthode chinoise. Debout, tapotez avec la pulpe de vos doigts droits le creux sous votre clavicule gauche, de l'intérieur vers l'extérieur. Puis faites la même chose de l'autre côté, de deux à trois fois.

24

SEPTEMBRE

7h39 19h45

St Anatole

Quelle est la différence
entre des spaghettis et un robot ?

Aucune, le robot est automate
et les spaghettis aux tomates.

25
SEPTEMBRE

7h41 19h43

St Hermann

*Un Écossais est un homme qui,
avant d'envoyer son pyjama
à la blanchisserie, fourre
une chaussette dans chaque poche.*

Ambrose Bierce

26
SEPTEMBRE

7h42 19h41

St Côme, St Damien

Les films que j'ai réalisés
sont surtout diffusés dans
les avions et dans les prisons,
parce que personne
ne peut quitter la salle.

Burt Reynolds

27
SEPTEMBRE

☀ 7h44 ☀ 19h39

St Vincent de Paul

Qui a des branches
mais pas de feuilles ?

Des lunettes.

28
SEPTEMBRE

☀ 7 h 45 ☀ 19 h 37

St Venceslas

Ne confondez pas stress
et performance :
on peut être efficace et détendu.

29
SEPTEMBRE

7 h 47 19 h 35

St Gabriel, St Michel

Attachez-vous !

Faire des câlins, des baisers, l'amour ou manifester son affection par le sens du toucher, c'est un excellent moyen de rester en bonne santé. En effet, toutes ces manifestations affectueuses permettent la production d'ocytocine, une hormone qui favorise l'attachement.

30

SEPTEMBRE

7 h 48 19 h 32

St Jérôme

Qu'est-ce qui arrive
à la cheville de Captain America ?

Sa chaussette.

1er
OCTOBRE

7h49 19h30

Ste Thérèse de l'Enfant Jésus

Le savon contre la culpabilité !

Le sentiment de culpabilité entraîne une mésestime de soi très anxiogène. Une université belge a étudié les vertus du lavage des mains pour se laver d'une faute... et ça marche ! Ce n'est pas une confession, juste une manière de ne pas porter le poids de votre faute inutilement.

Que demande
un policier à des bonbons ?

Vos papiers !

3
OCTOBRE

☀ 7 h 52 ☀ 19 h 26

St Gérard

La gourmandise,
le péché des moines vertueux.

Honoré de Balzac

4
OCTOBRE

☀ 7h54 ☀ 19h24

St François d'Assise

De quoi souffre le piano ?

Du mal de dos (Do).

5
OCTOBRE

7h55 19h22

Ste Fleur

La télé, point trop n'en faut

Si vous avez déjà le moral dans les chaussettes, ne vous installez pas devant votre petit écran pendant des heures. Les informations qui y sont diffusées risquent de vous saper encore plus le moral.

6

OCTOBRE

☀ 7 h 57 ☀ 19 h 20

St Bruno

La parole bienfaisante

En cas de traumatisme,
il est important de rompre la loi du silence.
Ce poids, au fil des ans, risque de devenir
insurmontable et destructeur. Mais à qui parler ?
À qui vous voulez, psy, police, association, amis…
La parole est l'étape initiale indispensable
pour trouver du soutien et ouvrir la porte
à un accompagnement psychologique.

7
OCTOBRE

☀ 7 h 58 ☀ 19 h 18

St Serge

Sans moi, Paris serait pris.
Qui suis-je ?

La lettre A.

8
OCTOBRE

8h00 19h16

Ste Pélagie

Encore du chocolat

Tout le monde aime le chocolat, beaucoup savent qu'il est bon pour le moral, mais peu connaissent les résultats des recherches qui ont mis en évidence l'intérêt du chocolat sur la mémoire et la concentration.

9

OCTOBRE

8h01 19h14

St Denis

Astrologie, ou quand
les étoiles éclairent des illuminés
qui éblouissent des lunatiques.

Paul Carvel

10
OCTOBRE

8h03 19h12

St Hugo

Comment reconnaît-on
un motard heureux ?

Aux moucherons collés sur ses dents.

11
OCTOBRE

8h04 19h10

St Firmin

Il ne faut point refuser
pour refuser, mais pour faire
valoir ce qu'on accorde.

Jean-Jacques Rousseau

12
OCTOBRE

8h06 19h08

St Wilfried

Que répond une voyante
quand on lui demande
de nous dire le futur ?

De quel verbe ?

13
OCTOBRE

8h07 19h06

St Géraud

Aimez-vous !

Il est important d'avoir une bonne considération de soi. Alors quand vous êtes déprimé, fermez les yeux et pensez à tout ce que vous avez fait de bien dans la semaine : joué à un jeu de société avec vos enfants, préparé des bons petits plats pour toute la famille, rendu visite à votre voisine âgée…

Vous en valez la peine !

14

OCTOBRE

☀ 8h09 ☀ 19h04

St Céleste

Que dit une serviette
à Luke Skywalker
quand il sort de la douche ?

J'essuie ton père (je suis ton père).

15
OCTOBRE

8h10 19h02

Ste Thérèse d'Avila

Argent ou compliment ?

D'après une étude, les Français pensent que ce qui les rend heureux, c'est « avoir de l'argent » ! Pas très étonnant... Ce qui l'est plus, c'est qu'en deuxième position arrive « recevoir un compliment » !

16
OCTOBRE

8h12 19h00

Ste Edwige

Gentil avec vous-même

Ne soyez pas intransigeant
avec vous-même, le seriez-vous
autant avec quelqu'un d'autre ?

17

OCTOBRE

☀ 8h13 🌅 18h58

St Baudouin

Qui arrive à dormir
sur ses deux oreilles ?

Un super-dormeur.

18
OCTOBRE

☀ 8h15 ☀ 18h56

St Luc

Coloriez des mandalas

Ces dessins à colorier permettent par la concentration qu'ils nécessitent de se recentrer, de penser à l'essentiel ou simplement de faire le vide si l'on est habité par des pensées négatives. Dans le bouddhisme, ils sont utilisés en méditation. Vous trouverez beaucoup de modèles différents sur Internet, choisissez celui qui vous inspire le plus.

19

OCTOBRE

8h16 18h54

St René

Que dit un chat surpris ?

Chat alors !

20
OCTOBRE

☀ 8h18 ☀ 18h52

Ste Adeline

Comment reconnaît-on une vache médecin ?

À sa bouse blanche (blouse blanche).

21

OCTOBRE

☀ 8 h 20 ☀ 18 h 50

Ste Céline

Dormez

Le sommeil est essentiel
pour notre bonne humeur.
En effet, c'est durant le sommeil
que le corps sécrète la mélatonine,
une hormone anti-déprime.

22
OCTOBRE

8h21 18h48

Ste Élodie

Et hop ! du hula-hoop

Non, vous ne rêvez pas, le hula-hoop qu'on croyait disparu depuis nos années d'école primaire refait son apparition... mais en mode fitness cette fois. Mettez une musique bien rythmée, ceignez-vous de votre hula-hoop, et c'est parti. La concentration que cela nécessite ainsi que le rythme sur lequel vous vous déhancherez vous feront oublier vos soucis.

23

OCTOBRE

☀ 8h23 ☀ 18h47

St Jean de Capistran

Que met un rat pour se faire beau ?

Du masque à rat (mascara).

24

OCTOBRE

8h24 18h45

St Florentin

Le tricot, vous y pensez ?

Tricoter apaise, le mouvement répétitif des mains aide à faire le vide en activant les mêmes zones du cerveau que dans la pratique de la méditation.

25
OCTOBRE

8h26 18h43

St Crépin

Que disent des fruits
échoués sur une île déserte ?

On va tous mûrir (mourir).

26
OCTOBRE

☀ 7 h 27 ☀ 17 h 41

St Dimitri

Les amis, ça compte !

Dans les moments de doute ou de baisse de forme, il est important de chercher du soutien auprès des personnes qu'on aime. Alors, n'hésitez pas, décrochez votre téléphone…

27

OCTOBRE

7 h 29 17 h 39

Ste Émeline

Aucun regret

Les regrets nous minent,
alors pour être sûr de ne pas en avoir,
faites toujours de votre mieux.

28
OCTOBRE

7 h 30 17 h 38

St Jude

Qu'est-ce que
du ciment dans un bocal ?

De la confiture de mur.

29
OCTOBRE

7 h 32 17 h 36

St Narcisse

D'égal à égal

Les personnes très émotives sont souvent celles qui ont peur de ne pas être à la hauteur, qui craignent le jugement d'autrui. Alors si c'est votre cas, considérez que la personne que vous avez en face de vous n'est autre qu'un être humain, comme vous ; avec ses qualités, certes, mais aussi ses défauts.

30
OCTOBRE

7 h 34 17 h 34

Ste Bienvenue

Quel est le point commun entre un facteur et un jongleur ?

Il leur faut beaucoup d'adresse(s).

31

OCTOBRE

☀ 7 h 35 ☀ 17 h 32

St Quentin

Égayez votre intérieur

Offrez-vous
un eucalyptus dans un pot.
Cette plante est réputée
pour chasser les mauvaises ondes.

1er
NOVEMBRE

☀ 7 h 37 ☀ 17 h 31

Toussaint

Une parole de vérité
pèse plus que le monde entier.

Proverbe russe

2

NOVEMBRE

☀ 7 h 38 ☀ 17 h 29

Défunts

J'ai un truc pour
se souvenir de la date d'anniversaire
de sa femme :
il suffit de l'oublier une fois !

Michel Galabru

3

NOVEMBRE

☀ 7 h 40 ☀ 17 h 28

St Hubert

Quelle est la ville française
la plus proche de l'eau ?

Bordeaux.

4
NOVEMBRE

7 h 42 17 h 26

St Charles

Les meilleures leçons de sagesse sont celles de l'expérience.

Édouard Bricon

5

NOVEMBRE

7 h 43 17 h 24

Ste Sylvie

Paresse :
habitude prise de se reposer
avant la fatigue.

Jules Renard

6
NOVEMBRE

☀ 7h45 ☀ 17h23

St Léonard

Qu'est-ce qu'un mur
dit à l'autre ?

Je te retrouve au coin de la rue.

7
NOVEMBRE

☀ 7 h 46 ☀ 17 h 21

Ste Karine

Je suis une plaisanterie
très utilisée en cuisine.
Qui suis-je ?

Une farce.

8

NOVEMBRE

7 h 48 17 h 20

St Geoffroy

La vie c'est moins bien que la télé,
parce qu'on ne peut pas changer de chaîne.

Frédéric Beigbeder

9

NOVEMBRE

7 h 50 17 h 19

St Théodore

Une banque vous prête un parapluie
quand il fait beau
et vous le reprend quand il pleut.

George Bernard Shaw

10
NOVEMBRE

7h51 17h17

St Léon

La chance sourit aux audacieux.

Virgile

11

NOVEMBRE

☀ 7h53 ☀ 17h16

Armistice 1918 • St Martin

Rire c'est se préserver.

Charlie Chaplin

12

NOVEMBRE

☀ 7 h 54 ☀ 17 h 15

St Christian

Le pessimisme de la connaissance n'empêche pas l'optimisme de la volonté.

Antonio Gramsci

13

NOVEMBRE

☀ 7 h 56 ☀ 17 h 13

St Brice

L'optimisme,
c'est voir la vie à travers
un rayon de soleil.

Carmen Sylva

14

NOVEMBRE

7 h 57 17 h 12

St Sidoine

Nous pouvons changer nos vies.
Nous pouvons faire,
avoir et être exactement
ce que nous voulons.

Tony Robbins

15
NOVEMBRE

7h59 17h11

St Albert

Que font deux crabes
quand ils se rencontrent ?

Ils se serrent la pince.

16
NOVEMBRE

8h01 17h10

Ste Marguerite

Si je ne suis pas moi, qui le sera ?

Henry David Thoreau

17

NOVEMBRE

☀ 8h02 ☀ 17h08

Ste Élisabeth

Soyez optimiste

Riez, faites des blagues.
L'optimisme
est le fruit du sourire…

18
NOVEMBRE

8h04 17h07

Ste Aude

Les ruptures ont ça de bon
qu'on redevient soi-même.

Geneviève Letarte

19

NOVEMBRE

8h05 17h06

St Tanguy

Pour réaliser une chose vraiment extraordinaire, commencez par la rêver.

Walt Disney

20
NOVEMBRE

☀ 8h07 ☀ 17h05

St Edmond

Quel est le futur
du verbe « je bâille » ?

Je dors.

21
NOVEMBRE

8h08 17h04

Présentation de la Vierge Marie

Le bonheur,
c'est posséder ces choses immatérielles
(l'amour, l'amitié, la spiritualité…)
que tout l'or du monde
ne pourra jamais acheter.

Catherine Rambert

22
NOVEMBRE

8h10 17h03

Ste Cécile

*Le secret du bonheur
et le comble de l'art,
c'est de vivre comme tout le monde
en n'étant comme personne.*

Simone de Beauvoir

23
NOVEMBRE

☀ 8h11 ☀ 17h02

St Clément

Il n'y a pas de honte
à préférer le bonheur.

Albert Camus

24
NOVEMBRE

8h13 17h01

Ste Flora

Quel est le point commun
entre un policier et un savon ?

Ils ont tous les deux la peau lisse.

25
NOVEMBRE

8h14 17h01

Ste Catherine

Chaque détail
prend de la valeur
quand plus rien n'a de sens.

Frédéric Beigbeder

26
NOVEMBRE

8h15 17h00

Ste Delphine

Vous devez accepter la vie
comme elle se présente.
Mais vous devriez faire en sorte
qu'elle se présente
comme vous aimeriez qu'elle soit.

Proverbe allemand

27
NOVEMBRE

8h17 16h59

St Virgile

Je ne bois jamais rien
de plus fort que le gin
avant le petit déjeuner.

W.C. Fields

28
NOVEMBRE

☀ 8h18 ☀ 16h58

St Jacques de la Marche

Quelle est la différence
entre une girouette et un horloger ?

La girouette montre le vent
et l'horloger vend la montre.

29
NOVEMBRE

8h19 16h58

St Saturnin

Respirez en conscience

Rien de plus naturel et instinctif que de respirer. Inspirer, expirer… Inspirer, expirer… Pourtant, il est très apaisant de s'imprégner de notre respiration en suivant attentivement le parcours de l'air que l'on respire, du nez jusqu'au plus profond de nos poumons.

30
NOVEMBRE

8h21 16h57

St André

Chanter sous la douche pour booster l'estime de soi

Dans une douche, on a tous l'impression d'être le nouveau gagnant de la Nouvelle Star. Ainsi, si ce concert entre vous et votre savonnette est un moment de détente agréable, il est aussi très valorisant.

1er
DÉCEMBRE
8h22 16h57
Ste Florence

Quel est le centre de gravité ?

La lettre V.

2

DÉCEMBRE

8 h 23 16 h 56

Ste Viviane

N'attendez pas d'être heureux pour sourire,
souriez plutôt afin d'être heureux.

Edward L. Kramer

3

DÉCEMBRE

☀ 8h25 ☀ 16h56

St François-Xavier

Comment appelle-t-on un ascenseur ?

On appuie sur le bouton.

4

DÉCEMBRE

☀ 8h26 ☀ 16h55

Ste Barbara

La raison, c'est l'intelligence en exercice ;
l'imagination, c'est l'intelligence en érection.

Victor Hugo

5

DÉCEMBRE

8h27 16h55

St Gérald

Arrêtez de vouloir penser à tout

Il faut alléger la fameuse charge mentale et accepter qu'on ne puisse pas tout faire. Abaisser son seuil d'exigence est le meilleur moyen de ne pas faire de burn-out.

6
DÉCEMBRE

8h28 16h55

St Nicolas

Arrête de vouloir penser à tout

[illegible]

[illegible]

[illegible]

[illegible]

Monsieur et Madame Martin ont cinq filles. Chacune a un frère. Combien de membres la famille compte-t-elle ?

Huit ! Les cinq filles, le frère et les deux parents.

7

DÉCEMBRE

8h29 16h54

St Ambroise

La plus grande chose du monde,
c'est de savoir être à soi.

Michel de Montaigne

8
DÉCEMBRE

☀ 8h30 ☀ 16h54

Immaculée Conception

Pour me respecter, il faut me donner.
Pour me donner, il faut m'avoir. Qui suis-je ?

La parole.

9
DÉCEMBRE
8h32 16h54
St Pierre Fourier

La tendresse a des secondes qui battent plus lentement que les autres.

Romain Gary

10

DÉCEMBRE

☀ 8h33 ☀ 16h54

Ste Eulalie

Enlacez un arbre

Avez-vous déjà entendu parler de la sylvothérapie ? Il s'agit tout simplement d'une « thérapie par les arbres ». Cette technique est née au Japon avec les « bains de forêt », où il a été prouvé qu'elle abaissait le niveau de stress et la tension artérielle. Choisissez un arbre le plus isolé possible des habitations. Il doit être feuillu, sans parasites, ni feuilles jaunes ou branches mortes. Posez votre front sur l'arbre face au nord pendant au moins une dizaine de minutes.

11

DÉCEMBRE

8h34 16h54

St Arthur, St Daniel

Il ne faut pas pleurer pour ce qui n'est plus,
mais être heureux pour ce qui a été.

Marguerite Yourcenar

12
DÉCEMBRE

8h34 16h54

St Corentin

Je rentre toujours la première
et je sors toujours la dernière.
Qui suis-je ?

La clé.

13
DÉCEMBRE
8h35 16h54
Ste Lucie

Il ne faut pas de tout pour faire un monde.
Il faut du bonheur, et rien d'autre.

Paul Éluard

14
DÉCEMBRE

8h36 16h54

Ste Odile

Acceptez d'être heureux

Les insatisfaits chroniques sont légion. Si vous pensez que le bonheur, c'est d'avoir une grosse voiture, une villa sur la Côte d'Azur, alors vous ne serez jamais heureux. Non que vous ne puissiez vous les payer un jour, mais vous aurez toujours besoin de plus. La vraie recette est : apprécier ce que l'on a pleinement.

15
DÉCEMBRE

8h37 16h54

Ste Ninon

Qu'est-ce qu'on jette lorsqu'on en a besoin et qu'on récupère lorsqu'on n'en a plus besoin ?

L'ancre.

16
DÉCEMBRE

8 h 38 16 h 54

Ste Alice

Le baiser est la plus sûre façon de se taire en disant tout.

Guy de Maupassant

17

DÉCEMBRE

☀ 8h39 ☀ 16h54

St Gaël

Quand je marche, je ne dois pas avancer.
Je peux m'arrêter même si je ne bouge pas.
Bien que je ne descende jamais,
il faut toujours me remonter. Qui suis-je ?

La pendule.

18
DÉCEMBRE

8h39 16h55

St Gatien

La beauté est dans les yeux de celui qui regarde.

Oscar Wilde

19

DÉCEMBRE

8h40 16h55

St Urbain

Embrassons-nous !

Embrasser soulage le stress en aidant votre cerveau à produire des endorphines. Et cela peut avoir un effet sur votre quotidien : une étude portant sur 2 000 couples a ainsi établi que ceux qui ne s'embrassaient que lorsqu'ils faisaient l'amour avaient huit fois plus de chances de faire état d'un stress ou d'une déprime chronique.

C'est une chose de penser que l'on est sur le bon chemin, une autre de croire que ce chemin est le seul.

Paulo Coelho

21

DÉCEMBRE

☀ 8h41 ☀ 16h56

St Pierre Canisius

Je possède un chapeau,
mais je n'ai pas de tête. J'ai un pied
mais pas de soulier. Qui suis-je ?

Le champignon.

22
DÉCEMBRE

8h42 16h56

Hiver • Ste Françoise-Xavière

On ne peut pas, sous prétexte qu'il est impossible de tout faire en un jour, ne rien faire du tout.

Abbé Pierre

23

DÉCEMBRE

8h42 16h57

St Armand

J'ai 6 clés sans serrures.
Dès qu'on me gratte, je murmure.
Qui suis-je ?

La guitare.

24
DÉCEMBRE

☀ 8h43 ☀ 16h58

Ste Adèle

Mangez un bonbon

Manger ou boire quelque chose de sucré a un effet apaisant parce que cela régule la production des hormones du stress, les glucocorticoïdes. Bien que ce ne soit pas un prétexte pour vous jeter sur le distributeur automatique du bureau, un carré de chocolat, un petit bonbon, ou une autre douceur de taille raisonnable, peuvent aider en cas de stress.

25
DÉCEMBRE

8h43 16h58

Noël

Plus je suis chaud, plus je suis frais.
Qui suis-je ?

Le pain.

26
DÉCEMBRE
☀ 8h43 ☀ 16h59
St Étienne

Rappelle-toi : l'unique personne qui t'accompagne toute ta vie, c'est toi-même ! Sois vivant dans tout ce que tu fais.

Pablo Picasso

27

DÉCEMBRE

8h44 17h00

St Jean

Pourquoi Napoléon n'a-t-il pas acheté une maison ?

Parce qu'il avait déjà un bon appart.

28

DÉCEMBRE

8h44 17h00

Innocents

Affirmez-vous !

Pas toujours facile de refuser...
Parce que vous avez peur d'offenser
la personne ou parce que
c'est votre supérieur qui vous
le demande. Dites simplement :
« Il me faut du temps pour y réfléchir. »

29
DÉCEMBRE

8h44 17h01

St David

Monsieur et Madame
Clette ont une fille.
Comment s'appelle-t-elle ?

Lara (parce que « la raclette »).

30
DÉCEMBRE

☀ 8h44 ☀ 17h02

St Roger

De quel oiseau faut-il le plus se méfier ?

De la pie car elle pirate.

31
DÉCEMBRE

8h44 17h03

St Sylvestre